¡EMPÚJALO!

Marla Conn y Alma Patricia Ramirez

T0014666

Glosario de fotografías

 **botón**

 **crayón**

 **podadora de pasto**

 columpio

 juguete

 carrito

Puedes empujar un **botón**.

botón

Puedes empujar una **podadora de pasto.**

podadora de pasto

Puedes empujar un **carrito**.

carrito

Puedes empujar un **crayón.**

crayón

Puedes empujar un **columpio**.

columpio

Puedes empujar un juguete.

juguete

Actividad

1. Menciona todas las cosas de la historia que puedes **EMPUJAR**.

2. Halla cosas en tu hogar o escuela y **EMPÚJALAS** para practicar.

3. Habla de las siguientes preguntas:
   - ¿Qué es el movimiento?
   - ¿Cómo se ve algo que está en movimiento?
   - ¿Qué significa **EMPUJAR** un objeto?
   - ¿Importa la fuerza con la que se **EMPUJE**?
   - Si yo **EMPUJO** algo, ¿a dónde se va?

4. Escribe una oración y haz un dibujo de algo que puedes empujar.